Erica Bänziger

Kürbiskerne-Kürbiskernöl

für Küche und Hausapotheke

HÄDECKE

Lizenzausgabe für Hädecke Verlag,
D-71256 Weil der Stadt

Gestaltung Umschlag:
Dora Eichenberger-Hirter, Birrwil
Gestaltung Inhalt:
Ursula Mötteli, Grafikdesign, Aarau
Umschlagfoto und Foodbilder:
Andreas Thumm, Freiburg i. B.
Bilder Einführung: Robert Hammel, Wien
(Seiten 12 bis 29, 74/75);
Roland Beck, Suhr, (Seiten 4 bis 11);
Severino Dahint, Naturhistorisches
Museum Basel, (Seiten 42/43)
Lithos: Neue Schwitter AG, Allschwil
Satz und Digitalvorlagen:
Kneuss Print AG, Lenzburg
Printed in Germany

ISBN 3-7750-0367-3

EINFÜHRUNG

REZEPTE

Hauptgerichte vegetarisch

Hauptgerichte Fleisch/Fisch

Pikantes Gebäck

Süßes Gebäck

Wo nicht anders vermerkt, sind die Rezepte für 4 Personen berechnet

Dieses Buch widme ich vor allem der wachsenden Familie der Kürbisfreunde. Ich hoffe, dass sie die vielseitige kulinarische Verwendung und den gesundheitlichen Wert des Kürbiskernöls und der Kürbiskerne kennen und schätzen lernen.

Die einst nur noch als Viehfutter verwendeten und als Arme-Leute-Kost verschmähten Kürbisse gehören heute zu den Newcomern in der Küche. Die große Familie der Kürbisgewächse erobert seit knapp einem Jahrzehnt die Herzen vieler Gourmets und Gartenfans. Es gibt wohl kaum eine andere Frucht, die vielseitiger verwendet werden kann als der Kürbis. Die Vielseitigkeit der Riesenbeere war für mich während der vergangenen Jahre denn auch immer wieder Motivation und Inspiration, um neue Rezepte auszuprobieren; sie sind in drei Publikationen eingeflossen.

Was lag näher, als vom Großen ins Kleine zu gehen und dem wirklich einzigartigen Ölkürbis ein eigenes Buch zu widmen?! Der Ölkürbis enthält im Gegensatz zu allen anderen Kürbissorten eine Vielzahl schalenloser grüner Kerne, welche reich an Vitaminen und Mineralstoffen und hochwertigem Fett sind. Die Kerne und das daraus gewonnene dunkelgrüne Öl gehören zu den gesunden, begehrten Lebensmitteln. Gesundheit und kulinarische Gaumenfreunden, diese Verbindung motivierte mich, einfache Rezepte mit Kürbiskernen und Kürbiskernöl auszuprobieren.

Ich wünsche Ihnen viel Freude und Genuss beim Kennenlernen des «Innenlebens» von Lady Godiva (anderer Name für Ölkürbis).

Erica Bänziger

Kürbis – Kaiser des Gartens

Der Kürbis zählt botanisch zu den Beerenfrüchten. Er war schon in der Antike weit verbreitet. In China galt der Kürbis als Symbol der Gesundheit und Fruchtbarkeit und man kürte ihn sogar zum Kaiser des Gartens. Auch die alten Griechen schätzten und verehrten ihn als Gottheit. Zuerst nannten sie ihn Indike, was soviel wie indische Frucht bedeutet, später wurde daraus Pepon, was sonnengereift bedeutet. Die Römer nannten ihn Cucurbita, in Anlehnung an die Wörter Korb und Gefäß. Denn die Schalen, vor allem diejenigen der Kalebassen (Flaschenkürbisse), wurden schon früh als Behälter benutzt. Plinius berichtet, dass darin Wein aufbewahrt wurde.

Kürbis – Kulturpflanze der Indianer

Die ursprüngliche Heimat der Kürbisse ist das tropische Amerika beziehungsweise Mexiko. Aufgrund archäologischer Funde in Mexiko kann man davon ausgehen, dass die öl- und eiweißhaltigen Kürbissamen bereits den Ureinwohnern von Amerika als Nahrungsmittel dienten.

Bei den Azteken zählte der Kürbis zusammen mit Mais und Bohnen zu den Grundnahrungsmitteln. Aber auch für die Mayas und Hopi-Indianer war der Kürbis beliebte, unverzichtbare Alltagskost.

Steirischer Ölkürbis – eine Sonderzüchtung

Der Steirische Ölkürbis wird vor allem in Österreich und der Schweiz angebaut. Unbekannt ist, ob er spontan entstanden ist. In der Literatur ist nachzulesen, dass Mutanten (durch spontane Veränderung im Erbgefüge entstandene Pflanze) seit 1880 unter der Habsburger-Monarchie oder gar schon vorher in der Türkei aufgetreten sind. Es ist aber wahrscheinlicher, dass die Mutanten mit anderen Kürbissen unbemerkt aus Amerika nach Osteuropa gelangten und dass dort das rezessive (nicht in Erscheinung tretende) Erbmerkmal «nackte Samen» zufällig wieder auftauchte.

Botanik

Der Ölkürbis hat eine runde Form und ist oben und unten leicht abgeflacht. Die Frucht hat einen Durchmesser von 25 cm und wiegt 5 bis 8 kg. In das schwammige Fruchtfleisch sind maximal 300 g Kerne eingebettet. Die Haut ist glatt, mit tiefen Falten um den Stielansatz. Die Farbe variiert von Dunkelgelb bis Orange, unterbrochen von unregelmäßigen dunkelgrünen Längsstreifen. Der Fruchtstiel ist kantig und dunkelgrün.

Die rankende Pflanze hat kurze Triebe. Vielerorts kann nachgelesen werden, dass für eine Kürbispflanze ein Quadratmeter Boden ausreichend ist. Wenn man aber mit einem Ertrag von 10 Kürbissen und mehr pro Pflanze rechnet, braucht sie entsprechend mehr Raum, mindestens drei Quadratmeter.

Die Blätter der Ölkürbis-Pflanze sind oval, mit einem stark gewellten Rand, beidseits des mittleren Lappens sind sie deutlich eingeschnitten.

Das hellorange Fruchtfleisch ist relativ dick, faserig, schwammig und von eher minderer Qualität.

Die schalenlosen dunkelgrünen Samen sind doppelt so lang wie breit.

Vorangehende Doppelseite: verschwenderische Natur – reife Frucht mit Kürbisblüte

Unten: spätsommerliches Kürbisfeld in der Steiermark

Die Verbreitung des Ölkürbisses

Lange Zeit glaubte man, dass der Ölkürbis nur in der Steiermark optimale klimatische Bedingungen für sein Wachstum vorfindet. Dem ist nicht so. Ideal sind Mais-, Wein- und Obstbaugebiete, also Standorte unter 700 m ü. M. Wichtig ist zudem, dass der Boden durchlässig ist und genügend Nährstoffe resorbieren kann, damit der Bauer während der Vegetationszeit nicht düngen muss. Pestizide und Fungizide einsetzen darf man ohnehin nicht, denn die Früchte ertragen keine Chemie. Die Unkrautbekämpfung erfolgt ausschließlich mechanisch, und zwar mit dem Maishackgerät.

Aufgrund des «Anforderungsprofils» sind weite Teile des Schweizer Mittellandes – hier wird der Ölkürbis seit ein paar Jahren mit Erfolg angebaut – und bestimmt auch viele Landstriche in Deutschland für den feldmäßigen Anbau des Ölkürbisses geeignet. Ideale Anbaugebiete sind auch das Südburgenland sowie Teile Ungarns und der Nordosten des ehemaligen Jugoslawiens.

Chance für die gebeutelte Landwirtschaft

Der zunehmende Druck auf die Fleisch- und Milchpreise hat während der vergangenen Jahre schon viele kleine und mittlere Bauernbetriebe in den EU-Ländern und in der Schweiz in den Ruin getrieben.

Wer rechtzeitig diversifiziert hat und auf andere landwirtschaftliche Erzeugnisse umgestiegen ist, steht heute besser da. Zu diesen Diversifikations-Erzeugnissen zählt auch der Ölkürbis. Die Nachfrage in ganz Europa ist so groß, dass der Bedarf bei weitem nicht gedeckt werden kann.

«Auspatzeln» – die Bauern putzen mit den Händen die Kerne aus den Kürbishälften.

Vom Samen zur Pflanze

Die Kürbissamen werden Anfang Mai aufs Feld gebracht beziehungsweise in den Boden gesteckt, in jedem Fall aber nach den Eisheiligen, weil die Keimlinge sehr frostempfindlich sind. Die ideale Keimtemperatur liegt bei 10 °C.
Die Aussaat kann sich auch bei schlechtem (regnerischem) Wetter oder zu trockenem Boden verzögern, so dass sich die Ernte später in den Herbst verschiebt. «Einem guten Kürbisbauern schneit's noch auf die Kürbisse», sagt Peter Hunkeler, ein ehrgeiziger Ölkürbis-Bauer aus der Schweiz. Der Kürbis braucht zum Ausreifen viele sonnige, warme Tage, damit er nach 130 Tagen – das ist die optimale Wachstumszeit – geerntet werden kann.

Die Ernte

Die Ernte der Ölkürbisse fällt bei idealen klimatischen Voraussetzungen auf die zweite Oktoberhälfte. Nur vollreife Früchte ergeben einen guten Ertrag.

Früher war die Gewinnung der Kürbiskerne reine Handarbeit, d. h. die Kürbisse wurden noch auf dem Feld mit einem großen Messer halbiert und die Kerne aus dem schwammigen Fleisch gelöst.

Heute sind vielerorts Maschinen im Einsatz. Die Kürbisse werden zuerst mit einem speziellen Pflug in Reihen gelegt. Danach werden sie von einer mit einem Traktor gezogenen Maschine eingesammelt, einem sogenannten Kürbis-Vollernter. Eine Quetschtrommel zerkleinert das Erntegut. In einer Siebtrommel mit Reinigungsbürsten und einer Absaugvorrichtung werden die Kerne vom Fruchtfleisch getrennt und in einem Sammelbehälter aufgefangen.

Die Schalenreste und das Fruchtfleisch werden gleichzeitig auf dem Acker verteilt: eine natürliche Düngung!

Von den Kernen zum Öl

In der Ölmühle werden die Kürbiskerne – für eine gute Ölqualität dürfen nur unverletzte Kerne verwendet werden – zuerst gewaschen und dann getrocknet. Das Öl wird noch vielerorts in traditionellen Steinmühlen gepresst. Die zu einer Paste gemahlenen Kerne werden unter Beigabe von Wasser und Salz geknetet. Danach wird die Paste geröstet. Dieser Arbeitsgang gibt dem Kürbiskernöl seinen typischen Geschmack. Beim Rösten wird den Kernen Wasser entzogen, was für die spätere Haltbarkeit des Öls sehr wichtig ist. Die Rösttemperatur beträgt 60 bis 70 °C, manchmal sogar etwas mehr. Höhere Temperaturen beeinträchtigen Geschmack und Aroma sowie Farbe. Auch wenn mit zu viel Druck gepresst wird, wirkt sich das auf die Qualität negativ aus. Die Kürbiskernmasse wird ähnlich wie die Olivenmasse auf Matten ausgestrichen und in einer hydraulischen Presse mit rund 300 bar gepresst: dickflüssiges dunkelgrünes Öl fließt ab. Für die intensive grüne Farbe sind übrigens das in der Samenhülle der Kürbiskerne enthaltene Chlorophyll und das Karotin verantwortlich. Nach dem Pressen muss das junge Öl mindestens 7 Tage ruhen, damit sich die trüben Partikel auf dem Boden ablagern können. Danach wird das Kürbiskernöl ohne Filtration in dunkle Flaschen abgefüllt.

Kürbiskernöl ist kein Billigöl

Auf einem Hektar Ackerland können rund 10 000 Ölkürbisse geerntet werden. In einem guten Jahr ergibt das 800 kg Kürbiskerne, in einem schlechten Jahr 500 kg oder sogar weniger.

Ein Ölkürbis enthält im Durchschnitt 150 g nasse Kerne. Durch das Trocknen halbiert sich das Gewicht. Für einen Liter Kürbiskernöl braucht man 2,5 kg getrocknete Kerne, also rund 33 Kürbisse. Wenn man den großen «Materialeinsatz» und die aufwändige Verarbeitung auf dem Feld und in der Mühle berücksichtigt, wird man dafür Verständnis haben, dass der Preis dieses feinen Naturproduktes eher hoch ist. Ein Liter Kürbiskernöl kostet nämlich im Laden Fr. 65.–/DM 70,–. Es wird in Flaschen zu 1 dl/100 ml und 2,5 dl/250 ml verkauft.

Achtung: Im Handel wird auch Kürbiskernöl angeboten, das mit raffiniertem Öl gestreckt worden ist. Für das Kürbiskernöl gilt das Gleiche wie für das Olivenöl: Der Kauf ist Vertrauenssache.

Ölqualität

«Kalt gepresst» ist ein Gütesiegel. Was haben wir darunter zu verstehen? Ein kalt gepresstes Öl ist reich an wertvollen, gesundheitsfördernden Inhaltsstoffen, wie Vitaminen, Aminosäuren, Geruchs- und Geschmacksstoffen und Fettbegleitstoffen (Lezithin und Phytosterin). In heiß gepressten und raffinierten Ölen fehlen diese Substanzen fast vollständig. Auch die Zusammensetzung der Fettsäuren ist sehr unterschiedlich.

Kalt gepresste und schonend warm gepresste Öle sind geschmacks- und geruchsintensiv und besitzen einen hohen Anteil an wertvollen Fettbegleitstoffen. Sie sind aber auch empfindlich gegen Licht- und Wärmeeinfluss und sollten deshalb immer kühl und dunkel gelagert werden.

Wie wir im Kapitel «Von den Kernen zum Öl» erfahren haben, wird die Kürbiskernmasse vor dem Pressen leicht geröstet, damit das Öl ein dezent nussiges Aroma bekommt. Dieses Verfahren darf nicht als «Kaltpressung» deklariert werden. Da beim Rösten die Temperatur aber 60 bis 70 °C nicht übersteigt, erfahren die wertvollen Inhaltsstoffe keine Veränderung.

Der Ölmüller überwacht den Röstvorgang sehr genau. Bei zu hoher Temperatur verliert das Öl seine grüne Farbe und verfärbt sich bräunlich-rötlich. Ein gutes Öl darf weder nach Fruchtfleisch noch nach Fett schmecken und im Gaumen auch keinen bitteren Geschmack hinterlassen. Ein weiteres Gütesiegel ist auch die «Haftung»: Der Öltropfen darf auf einem Salatblatt nicht auseinander fließen. Je dickflüssiger das Öl ist, desto besser haftet es.

Haltbarkeit und Lagerung

Das Vitamin E schützt die Fettsäuren im Kürbiskernöl vor dem Ranzigwerden. Wenn das Öl trocken, vor Licht geschützt und nicht über 14 °C gelagert wird, ist es 9 Monate haltbar.

Kürbiskernöl in der Küche

An die grüne Farbe und die dickflüssige Konsistenz des Kürbiskernöls müssen sich die Einsteiger zuerst gewöhnen. Das ist weiter nicht schwierig. Ideal zum Strecken und zum Experimentieren ist das Olivenöl nativ extra.

Ein typisches Kürbisfeld, auf dem die Früchte maschinell mit dem Vollernter eingesammelt und verarbeitet werden. Fruchtfleisch und Schale bleiben auf dem Feld zurück, wo sie später als Düngung eingeackert werden.

Grünen Salaten, würzigen Saucen und pikanten Gerichten mit Pasta, Kartoffeln und Gemüse gibt das Kürbiskernöl eine spezielle Note.

Damit die wertvollen Inhaltsstoffe nicht verloren gehen, sollte das Öl nach Möglichkeit kalt verwendet werden.

Kreative Köchinnen und Köche werden bestimmt ausprobieren, wo überall das Kürbiskernöl neue Akzente setzen kann.

Kürbiskerne in der Küche

Die Kürbiskerne können in der Küche genauso vielseitig verwendet werden wie Nüsse. Man kann die Kerne vor Verwendung in einer Bratpfanne einige Minuten trocken (ohne Öl) rösten. Wenn man gleich eine größere Menge röstet, bewahrt man die Kerne am besten in einem Glas mit Schraubverschluss auf. Besonders beliebt sind geröstete Kürbiskerne für Salate. Für Kinder sind sie eine köstliche, gesunde Knabberei.

Mit dem sogenannten «Igel» werden die Kürbisse in den Vollernter hochgehoben, wo sie in Kerne und Fruchtfleisch zerteilt werden.

Inhaltsstoffe von Kürbiskernöl

50% – 65% hochwertiges, leicht verdauliches Fett
35% hochwertiges, leicht verdauliches pflanzliches Eiweiß

Vitamine
Vitamin A als Betakarotin, Vitamin E, Vitamin B_1, Vitamin B_2, Vitamin C, Niacin, Niacinäquivalent, Pantothensäure, Pyroxin, Biotin

Mineralstoffe/Spurenelemente
Chlor, Eisen, Fluor, Jod, Kalium, Kalzium, Kupfer, Magnesium, Mangan, Natrium, Phosphor, Selen, Schwefel, Zink

Fettsäuren
9% gesättigte Fettsäuren
34% einfach ungesättigte Fettsäuren
55% zweifach ungesättigte Fettsäuren
2% dreifach ungesättigte Fettsäuren

Die geernteten Kerne werden in großen Säcken zur Ölmühle gebracht.

Essentielle Fettsäuren sind lebenswichtig

Das Kürbiskernöl enthält bis zu 91% günstige Fettsäuren, d. h. einfach und mehrfach ungesättigte. Einige können vom Körper nicht hergestellt werden, sondern müssen über die Nahrung zugeführt werden. Zu den sogenannten essentiellen Fettsäuren zählen auch die Linol- und die Linolensäure, welche im Kürbiskernöl in größerer Menge vorkommen. Der Organismus braucht diese Fettsäuren unter anderem für den Aufbau und den Unterhalt der Zellen. Wenn wir älter werden, verlieren die Zellen an Geschmeidigkeit (Elastizität), was zu einer Beeinträchtigung ihrer Funktionen führt. Fehlen die essentiellen Fettsäuren oder sind sie in der täglichen Nahrung nicht ausreichend vorhanden, lagert der Organismus gesättigte Fettsäuren in den Zellwänden ein, was zu einer weiteren Einschränkung der Zellarbeit führt.

Linol- und Linolensäure werden für die Bildung von hormonähnlichen Substanzen benötigt, welche im Gewebe synthetisiert werden und vielfältige Aufgaben zu erfüllen haben. Diese Stoffe regeln unter anderem die Blutfette, das Cholesterin und den Blutdruck und sie verhindern eine Verklumpung der Blutplättchen, sie halten die Haut gesund, sie beugen Entzündungen vor und schützen uns vor Krankheiten wie Diabetes und Multiple Sklerose. Auch für die Erhaltung der geistigen Funktionen brauchen wir Fettsäuren.

Linolsäure wird zur Bildung der Gamma-Linolensäure (GLS) gebraucht, die u. a. dem prämenstruellen Syndrom vorbeugen kann.

Auswirkungen eines Mangels an essentiellen Fettsäuren

- Schwächung des Immunsystems; erhöhte Infektanfälligkeit
- Herzrhythmusstörungen
- Beeinträchtigung der Sehkraft
- schlechte und verzögerte Wundheilung
- Haarausfall
- hoher Blutdruck
- Nierenleiden
- eingeschränkte Funktion der roten Blutkörperchen
- trockene, schuppige Haut
- Unfruchtbarkeit bei Männern und Frauen
- verminderte Leberfunktion
- gestörtes körperliches Wachstum
- gestörtes geistiges Wachstum
- eingeschränkte Lernfähigkeit; neurologische Störungen

Wertvolle Zinkquelle

Kürbiskerne und das daraus gewonnene Öl sind reich an Zink. Unser Organismus verfügt über praktisch keine Zinkreserven und ist auf eine regelmäßige Zufuhr über die Nahrung angewiesen. Das Mineral wird durch eine unsachgemäße Zubereitung der Nahrung häufig zerstört.

Zink erfüllt im Stoffwechsel zahlreiche wichtige Aufgaben, unter anderem ist es Co-Aktivator und Aktivator zahlreicher Enzyme. Zudem ist es am Protein-, Fett- und Kohlenhydrat- sowie Zellstoffwechsel beteiligt. Zink ist wichtig für die Insulinspeicherung und das Immunsystem.

In Stresssituationen steigt der Zinkbedarf stark an.

Zink ist für die Gesundheit der Prostata und der Fortpflanzungsorgane wichtig. Die Prostata braucht davon mehr als jede andere Drüse; sie ist in der Lage, das Mineral zu speichern. Zink ist ferner an der Bildung der Spermien beteiligt. Ein Mangel kann zu Impotenz führen. Der regelmäßige Verzehr von Kürbsikernen fördert die Gesundheit der Prostata.

Vitamin E – wirksamer Schutz gegen freie Radikale

Freie Radikale sind aggressive chemische Moleküle, die im Rahmen der Energiegewinnung in unserem Körper entstehen, aber auch durch äußere Einflüsse wie Rauchen oder durch UV- Strah-

In der Reinigungspfanne werden die Kürbiskerne gewaschen und getrocknet.

lung freigesetzt werden. Diesen Molekülen fehlt ein Elektron in der Außenhülle, was sie äußerst aggressiv macht. Das fehlende Elektron versuchen sie einer anderen Verbindung zu entreißen und schädigen so benachbarte Strukturen, Zellen und Gewebe. Freie Radikale können aber auch den genetischen Bauplan im Zellkern angreifen und somit zum Auslöser jener verhängnisvollen Veränderung der Erbsubstanz werden, die am Anfang jeder Krebsentwicklung steht. Sie sind aber auch für die normale Hautalterung und die Arteriosklerose mitverantwortlich. Neben den Phytoöstrogenen in den Pflanzen sind auch die verschiedenen sekundären Pflanzeninhaltsstoffe in Gemüse, Obst und Samen wirksam gegen freie Radikale.

Kürbiskerne und Kürbiskernöl sind reich an Vitamin E. In Verbindung mit dem ebenfalls in den Samen vorhandenen Selen und den Karotinoiden (Betakarotin) ergibt dies ein wirkungsvoller, natürlicher Schutz gegen freie Radikale.

In der Röstpfanne erhält die – zuvor mit Wasser und Salz geknetete – Masse den für das Kürbiskernöl typischen Geschmack.

Jean Carper empfiehlt in seinem Buch «Nahrung ist die beste Medizin» die Kerne und das Öl sogar zur Krebsprävention. Polnische Wissenschaftler in den USA haben in Kernen, Öl und Fruchtfleisch pharmakologische Wirkstoffe entdeckt. Bei den Wirkstoffen handelt es sich um die Familie der Protease-Trypsin-Hemmstoffe, die verhindern, dass Viren und krebserregende chemische Stoffe im Verdauungstrakt aktiviert werden.

Vitamin E – ein Tausendsassa für unsere Gesundheit

Das Vitamin E, das in den letzten Jahren einen unglaublichen Boom erlebt hat und als «Wunderelixier für müde Männer» und als Verjüngungsmittel gepriesen wurde, ist in der Tat ein Vitamin mit großer Wirkung. So schützt es die Bausteine der Zellmembran vor Zerstörung durch Sauerstoff oder Umweltgift. Das Lungengewebe wird besonders geschützt. Ein Vitamin-E-Mangel kann die Anfälligkeit für Lungenkrankheiten bei Rauchern erhöhen. Vitamin E ist ferner an der Blutbildung beteiligt, es greift regulatorisch in den Hormonhaushalt ein und unterstützt die Entgiftungsaufgaben der Leber. Vitamin E ist befähigt, die unkontrollierte Entstehung von Vermittlerstoffen, die an Entzündungsprozessen und allergischen Reaktionen beteiligt sind, zu verhindern. Das Vitamin fördert außerdem die Durchblutung des Bindegewebes, der Haut und der Schleimhäute.

Wer sich mit natürlichen, vollwertigen Lebensmitteln ernährt, wird in jedem Fall ausreichend mit Vitamin E versorgt.

Vitamin-E-Gehalt in Speiseölen

mg je dl/100 ml	
15	Olivenöl
16	Traubenkernöl
35	Erdnussöl
36	Leinöl
43	Haselnussöl
50	Baumnussöl/Walnusskernöl
50	Kürbiskernöl
50	Sesamöl
55	Rapsöl
70	Sonnenblumenöl
75	Distelöl
95	Sojaöl
125	Maiskeimöl
220	Weizenkeimöl

Empfohlene tägliche Vitamin-E-Zufuhr
Männer und Frauen 12–15 mg

Öl und Kerne zur Vorbeugung gegen Prostata, hilfreich bei Reizblase, sowie Blasen- und Nierenschwäche

Die Prostata-Vergrößerung ist die am häufigsten auftretende Männerkrankheit. Die Drüse beginnt schon nach dem 40. Lebensjahr zu wachsen. Bis heute ist noch kein Heilmittel in der Lage, diese Krankheit zu behandeln. Mit natürlichen

Mitteln, die man regelmäßig und lange schon vor dem kritischen Alter einnimmt, kann durchaus ein gewisser Schutz erzielt werden. Naturheilkundlich orientierte Therapeuten empfehlen jährlich einmal eine Kur von 2 bis 3 Monaten mit Kürbiskernen.

Auf die Wirkung der Kürbiskerne wurden Heilkundige erst aufmerksam, als sie die Bevölkerung in einem Dorf in Deutschland näher untersuchten. Auffallend selten litten die Männer unter Prostata-Vergrößerung. Der Grund dafür war rasch ermittelt: Hier aßen schon die Kinder regelmäßig Kürbiskerne. Blasen- und Prostataleiden behandelte man mit Tee aus Kürbis- und Melonenkernen.

Auch bei einer Reizblase, sei es bei Mann, Frau oder Kind, bringen die Kerne und das Öl Linderung. Die Blase beruhigt und entkrampft sich. Der Blasenschließmuskel wird entspannt und die Blasenfunktion reguliert.

Bei Nierenschwäche – davon sind vor allem Frauen betroffen – sind Kürbiskerne und Kürbiskernöl ein natürliches Stärkungsmittel.

Die Mediziner sind sich noch nicht einig, welche Wirkstoffe in Kernen und Öl für die Heilung respektive Linderung der Schmerzen verantwortlich sind. Professor Schilcher, ein profilierter Heilpflanzenforscher, ist überzeugt, dass es verschiedene Inhaltsstoffe sein müssen. Die einmalige Kombination von Phytosterinen, Vitamin E, Magnesium und Selen dürfte aber am Erfolg maßgeblich beteiligt sein.

Kürbiskerne und Kürbiskernöl helfen und lindern bei:

- Blasenbeschwerden/Blasenentzündungen/Blasenschwäche
- erhöhtem Blutdruck
- erhöhten Blutfettwerten
- Haarproblemen
- Hautproblemen
- Herz- und Kreislaufproblemen
- Muskelkrämpfen
- Nierenschwäche
- Reizblase
- Prostataleiden
- Arteriosklerose
- Bandscheibenleiden
- Bettnässen bei Kindern

Stärkungsmittel für Schwangere

In der Traditionellen Chinesischen Medizin (TCM) ist die Niere der Sitz der Lebensenergie, auch Chi genannt. Von dieser Lebensenergie zehrt während einer Schwangerschaft auch das ungeborene Kind. Eine Nierenschwäche kann die Folge sein. Kürbiskerne und Kürbiskernöl sind natürliche Stärkungsmittel vor, während und nach der Schwangerschaft.

Äußere Anwendung – Massageöl

Das Kürbiskernöl im Verhältnis 1 : 1 mit Olivenöl nativ extra verrühren. Bei Kopf- und Rückenschmerzen, bei Muskelkater, Hexenschuss, Verspannungen und rheumatischen Beschwerden einmassieren.

Kürbiskernöl-Flecken auf Textilien

Flecken rasch mit Gallseife einreiben. Oder wie in Österreich empfohlen wird, das Wäschestück zum Ausbleichen in die Sonne legen und anschließend normal waschen. Man kann das Wäschestück auch zuerst waschen und nachher in die Sonne legen.

Im Handel erhältliche Produkte aus Kürbiskernen und Kürbiskernöl

- Kürbiskerne, geröstet und gesalzen
- Kürbiskerne natur
- Kürbiskernöl
- Kürbiskerne im Schokomantel
- Kürbiskern-Schokolade
- Kürbiskernriegel
- Körperpflegemittel mit Inhaltsstoffen von Kürbis und Kürbiskernöl

Nach dem Pressen bleibt der Presskuchen zurück. Er wird gemahlen und als Futter- oder Düngemittel verwendet.

Nächste Doppelseite: Herrlich duftendes, frisches Kürbiskernöl wird in den Lagertank gefüllt.

vorspeisen

Kartoffel-Kürbis-Suppe mit Kürbiskernen

2 EL Olivenöl nativ extra
1 mittelgroße Zwiebel
600 g geschälter Kürbis, z. B. Potimarron
400 g mehlig kochende Kartoffeln
$^{1}/_{4}$ TL Kreuzkümmel
8 dl/800 ml Gemüsebrühe
1,25 dl/125 g Rahm/süße Sahne
Meersalz
weißer Pfeffer, frisch gemahlen
1 EL gehackte Petersilie
frischer Thymian
1 EL geröstete Kürbiskerne
1–2 TL Kürbiskernöl, zum Beträufeln

1 Die Kartoffeln schälen und klein würfeln. Das Kürbisfleisch ebenfalls klein würfeln. Die Zwiebel fein hacken.
2 Die Zwiebeln im Öl andünsten, den Kürbis zugeben und mitdünsten, die Kartoffeln und den Kreuzkümmel zufügen, mit der Gemüsebrühe aufgießen, aufkochen, die Suppe bei kleiner Hitze rund 20 Minuten köcheln lassen. Pürieren.
3 Die Kartoffel-Kürbis-Suppe mit dem Rahm nochmals erhitzen. Mit Salz und Pfeffer würzen, Kräuter zufügen. Die Suppe anrichten, mit den Kürbiskernen garnieren, wenig Kürbiskernöl darüber träufeln.

Zucchinicremesuppe mit Kürbiskernöl und Kürbiskernen

2 EL Olivenöl nativ extra
1 mittelgroße Zwiebel
2 Knoblauchzehen
800 g Zucchini
8 dl/800 ml Gemüsebrühe
1 Bund kleinblättriger Basilikum
1 Becher (1,8 dl/180 g) Rahm/süße Sahne
Meersalz
Pfeffer, frisch gemahlen
1 Bio-Zitrone, wenig abgeriebene Schale
Kürbiskernöl
geröstete Kürbiskerne

1. Die Zwiebel und die Knoblauchzehen fein hacken. Die Zucchini beidseitig kappen, in Stücke schneiden.
2. Zwiebeln und Knoblauch im Olivenöl andünsten, Zucchini zufügen und mitdünsten, mit der Gemüsebrühe aufgießen, aufkochen, etwa 5 Minuten köcheln lassen. Die Suppe mit dem Basilikum pürieren.
3. Die Zucchinicreme mit dem Rahm erhitzen, mit Salz, Pfeffer und Zitronenschale abschmecken. Anrichten. Mit Kürbiskernöl beträufeln und mit den gerösteten Kürbiskernen garnieren.

Ziegenfrischkäse mit Kräuter-Kürbiskern-Kruste

4 Ziegenfrischekäse, je ca. 90 g

Kruste

3 EL Olivenöl nativ extra
1–2 durchgepresste Knoblauchzehen
3 EL fein gehackte Kräuter, z. B. Rosmarin, Thymian, Salbei, Basilikum
3 EL gemahlene Kürbiskerne, eventuell geröstet
1–2 EL Paniermehl
1 Bio-Zitrone, wenig abgeriebene Schale
Kräutermeersalz
Pfeffer, frisch gemahlen

Kürbiskernöl, zum Beträufeln

1 Die Ziegenkäse auf ein leicht eingefettetes Blech oder in eingefettete Soufflеförmchen setzen.
2 Den Backofen auf 210 °C vorheizen.
3 Sämtliche Zutaten für die Kräuter-Kürbiskern-Kruste vermengen, mit Kräutersalz und Pfeffer abschmecken. Die Masse auf die Käse verteilen. Im vorgeheizten Backofen bei 210 °C 5 bis 10 Minuten überbacken. Die Kruste soll knusprig sein. Mit Kürbiskernöl beträufeln.

Tipp Auf Blattsalat anrichten.

Bruschetta mit Kürbis-Cottage-Cheese-Aufstrich

1 Baguette
durchgepresster Knoblauch
Olivenöl nativ extra

Brotaufstrich

200 g Cottage Cheese
1 kleines Stück fruchtiges Kürbisfleisch, z. B. Muscade de Provence, ohne Schale und Kerne
2 EL fein gehackte Kräuter, z. B. Thymian, Majoran, Basilikum, Petersilie
Kräutermeersalz
Pfeffer, frisch gemahlen
1 EL Kürbiskernöl

geröstete Kürbiskerne, gehackt
1 Bund Rucola

1 Den Kürbis auf der Bircher-Rohkostreibe zum Cottage Cheese reiben. Die Kräuter unterrühren. Mit Kräutersalz, Pfeffer und Kürbiskernöl würzen.
2 Die Baguette in Scheiben schneiden. Im vorgeheizten Backofen bei 220 °C knusprig backen (toasten).
3 Die Brotscheiben mit Olivenöl beträufeln, wenig durchgepressten Knoblauch darauf verteilen. Die Cottage-Cheese-Kürbis-Masse darauf ausstreichen. Mit den Kürbiskernen bestreuen und der Rucola garnieren.

Formaggini nostrani mit Kürbiskernöl und frischem Thymian

für 1 Person

1 Formaggino nostrano (normalerweise halb Ziegen- und halb Kuhmilch)

Marinade **Rotwein- oder Himbeer- oder Balsamico-Essig**
1/2 EL Olivenöl nativ extra
1/2 EL Kürbiskernöl
Pfeffer, frisch gemahlen

Thymianblättchen
geröstete Kürbiskerne

Formaggino auf einen Teller geben, mit wenig Essig und Öl beträufeln, mit Pfeffer abschmecken, mit den Thymianblättchen und den gerösteten Kürbiskernen bestreuen. Garnieren.

Grüner Spargel mit Käse-Kürbiskern-Kruste

1 kg grüner Spargel
Kräutermeersalz
4–5 EL Olivenöl nativ extra
40 g geriebener Pecorino Romano
1 Bio-Zitrone, abgeriebene Schale
2 EL Kürbiskerne

1 Den grünen Spargel um 2 bis 3 cm kürzen, das untere Drittel schälen.
2 Den Backofen auf 220 °C vorheizen.
3 Spargel in ein mit Backpapier belegtes Backblech legen. Mit Kräutersalz bestreuen und mit Olivenöl beträufeln. Im vorgeheizten Backofen bei 220 °C je nach Dicke 10 bis 12 Minuten backen. Käse und Zitronenschale mischen, über den Spargel verteilen. Mit den Kürbiskernen bestreuen. Weitere 4 Minuten überbacken.

Tipp Als leichte Vorspeise oder zu Bratkartoffeln servieren.

Avocado-Grapefruit-Salat mit Lachs und gerösteten Kürbiskernen

2 rosa Grapefruits
1 Bio-Zitrone
1 Bund Rucola
2 reife Avocados
120 g Räucherlachs, in Scheiben
Meersalz
Pfeffer, frisch gemahlen
2–4 Teelöffel Kürbiskernöl, zum Beträufeln
geröstete Kürbiskerne

1. Die Grapefruits großzügig schälen, die Fruchtfilets aus den Trennhäutchen lösen, entkernen. Die Zitrone beidseitig kappen, längs vierteln, die Fruchtviertel in Scheiben schneiden, entkernen. Die Avocados schälen und halbieren, den Kern entfernen, die Fruchthälften in Spalten schneiden.
2. Sämtliche Zutaten auf Tellern anrichten, mit Salz und Pfeffer würzen, mit dem Kürbiskernöl beträufeln. Die gerösteten Kürbiskerne darüber streuen.

Tipp Mit Baguette servieren.

Kürbiskernöl-Vinaigrette

1/2 dl/50 ml Gemüsebrühe
2 EL Fruchtessig
4 EL Kürbiskernöl, oder halb Kürbiskernöl und halb Olivenöl nativ extra
1 Hand voll glattblättrige Petersilie oder Rucola
1 Schalotte

1 Gemüsebrühe, Essig und Öl sämig rühren, mit Salz und Pfeffer abschmecken.
2 Die Petersilie und die Schalotte fein hacken, zur Vinaigrette geben.

Tipp Passt zu Spargel, gedämpftem und rohem Gemüse (Rohkost).

Blattsalat mit Kürbiskernöl-Dressing

4 Portionen gemischter Blattsalat
3 EL geröstete Kürbiskerne

Dressing
2 EL Sherryessig
2 EL Himbeeressig
1 TL Senf
1 TL Sojasauce
Meersalz
Pfeffer, frisch gemahlen
3 EL Olivenöl nativ extra
3 EL Kürbiskernöl
1 kleine Zwiebel, fein gehackt
1 Knoblauchzehe

1 Den Blattsalat auf Tellern anrichten. Die Kürbiskerne darüber verteilen.
2 Die Vinaigrette sämig rühren, die Zwiebeln zufügen, den Knoblauch dazu pressen, über den Salat verteilen.

Catalogna mit Zitronensaft und Kürbiskernöl

1–2 Catalogna/Blattzichorien, je nach Größe
1–2 Zitronen, je nach Größe, davon Saft
Meersalz
1 1/2–2 EL Kürbiskernöl oder halb Kürbiskernöl und Olivenöl nativ extra

Catalogna unten großzügig kappen. Die einzelnen Blätter abbrechen und je nach Größe zerkleinern. Auf einer Platte anrichten, mit Meersalz bestreuen. Mit Zitronensaft und Kürbiskernöl beträufeln.

Tipp Als Antipasto genießen.

Variante Catalogna durch fein geschnittene Fenchelscheiben ersetzen.

Produkteinfo Catalogna ist eine aus Italien stammende Zichorie mit Bitterstoffgehalt, der sich günstig auf die Verdauung und den Kreislauf auswirkt. Sie ist im Frühling auf Märkten oder beim italienischen Gemüsehändler erhältlich.

Zucchini-Carpaccio mit Kürbiskernöl und Thymianblüten

2 kleine Zucchini, ca. 200 g
Meersalz
Pfeffer, frisch gemahlen
1 große Zitrone, Saft
glattblättrige Petersilie, fein gehackt
Pecorino romano, fein gehobelt
geröstete Pinienkerne
Kürbiskernöl, zum Beträufeln

1. Die Zucchini beidseitig kappen, auf dem Gemüsehobel in feine Scheiben hobeln.
2. Die Zucchinischeiben fächerartig auf 4 Tellern anrichten. Mit Salz, Pfeffer und Zitronensaft würzen. Mit Petersilie, Pecorino und den Pinienkernen bestreuen. Zum Schluss mit wenig Kürbiskernöl beträufeln.
   Mit Blüten dekorieren, z. B. Thymianblüten oder Ringelblumenblütenblättern.

Kopfsalat mit Gemüsejulienne und Kürbiskernöl-Dressing

1 mittelgroßer Kopfsalat
1/2 Kohlrabi
1 kleine Karotte
2 EL geröstete Kürbiskerne

Sauce
1 Zitrone, davon Saft
1/2 TL Senf
3 EL Kürbiskernöl
3 EL Olivenöl nativ extra
1 durchgepresste Knoblauchzehe, nach Belieben
1 Prise Kräutermeersalz

1 Den Kopfsalat in die einzelnen Blätter zerlegen. Den Kohlrabi und die Karotte schälen, mit dem Sparschäler feine Streifen abziehen, diese längs dreiteilen.
2 Die Sauce zubereiten.
3 Den Kopfsalat und die Gemüsestreifchen mit der Sauce vermengen. Die Kürbiskerne darüber streuen.

hauptgerichte

Kartoffel-Kürbis-Salat mit Kürbiskernen

800 g fest kochende Kartoffeln
400 g fruchtiges Kürbisfleisch, z. B. Muscade de Provence, ohne Schale und Kerne
1 EL Olivenöl nativ extra
2 kleine Zwiebeln, fein gehackt
4 EL geröstete Kürbiskerne
1 EL fein geschnittene Pfefferminzblättchen

Sauce
5 EL Apfel- oder Weißweinessig
1 dl/100 ml lauwarme Gemüsebrühe
2 Orangen, davon Saft
4–5 EL Öl, halb Kürbiskernöl und halb Olivenöl nativ extra
$^1/_2$ TL mildes Currypulver
Meersalz
Pfeffer, frisch gemahlen

1 Die Kartoffeln in der Schale im Dampf weich garen, noch warm schälen und in Scheiben schneiden. Mit der Sauce sorgfältig vermengen, 30 Minuten ziehen lassen.
2 Den Kürbis in dünne Spalten/Schnitze schneiden, im Öl einige Minuten dünsten, zusammen mit den Zwiebeln zum Kartoffelsalat geben, vermengen, nochmals kurz ziehen lassen. Die Kürbiskerne untermischen.
3 Den Salat anrichten. Mit der fein geschnittenen Pfefferminze bestreuen.

Knusprige Bratkartoffeln mit Zwiebeln, Kräutern und Kürbiskernen

4 EL Olivenöl nativ extra
2 mittelgroße Zwiebeln
600 g gekochte Schalenkartoffeln
3 frische Lorbeerblätter
1 junger Rosmarinzweig
4 Salbeiblätter
1 EL frische Thymianblättchen
Kräutermeersalz
2–3 EL Kürbiskerne

1 Die Zwiebeln schälen und in feine Scheiben schneiden. Die Kartoffeln schälen und in Viertel oder Würfel schneiden. Die Rosmarinnadeln abstreifen. Die Salbeiblätter in Streifen schneiden.

2 Die Zwiebeln im Öl andünsten, Kartoffeln und Lorbeerblätter zufügen, unter Rühren ca. 10 Minuten braten. Dann die restlichen Kräuter und die Kürbiskerne zugeben, unter gelegentlichem Rühren 15 bis 20 Minuten braten. Mit Kräutersalz abschmecken. Mit Kürbiskernöl beträufeln.

Lorbeerkartoffeln mit Frischkäsecreme

Kartoffeln	**600–800 g neue Kartoffeln oder kleine fest kochende Lagerkartoffeln**
	frische Lorbeerblätter
	Olivenöl nativ extra
	weiße Sesamsamen, nach Belieben
Frischkäse-creme	**200 g Ziegen- oder Kuhmilch-Frischkäse**
	1 EL Zitronensaft
	1 EL Olivenöl nativ extra
	1 EL Kürbiskernöl
	2 EL Rahm/süße Sahne
	1 kleine Schalotte, fein gehackt
	Meersalz
	Pfeffer, frisch gemahlen
	Kürbiskernöl, zum Beträufeln
	geröstete Kürbiskerne

1 Die Kartoffeln längs tief einschneiden. In die Einschnittstelle ein Lorbeerblatt stecken. Die Kartoffeln auf ein Blech verteilen, wenig Olivenöl darüber träufeln, mit Sesamsamen bestreuen. Im vorgeheizten Backofen bei 200 bis 220 °C etwa 30 Minuten backen. Nadelprobe machen.

2 Für die Creme Frischkäse, Zitronensaft, Oliven- und Kürbiskernöl sowie Rahm glatt rühren. Schalotten zufügen, mit Salz und Pfeffer abschmecken.

3 Am Tisch wenig Kürbiskernöl über die Kartoffeln träufeln. Geröstete Kürbiskerne separat servieren.

Variante Die Frischkäsecreme passt auch zu rohen Gemüsestängelchen.

Kürbiskernpesto nach Art der Steiermark

60 g geröstete Kürbiskerne
4–5 EL Kürbiskernöl
3 TL geriebener Parmesan oder Sbrinz
1 Bund Basilikum, Blätter gezupft
1 Knoblauchzehe
Meersalz; Pfeffer, frisch gemahlen

Sämtliche Zutaten zu einem nicht zu feinen Pesto mixen, mit Salz und Pfeffer abschmecken.

Tipp Weniger intensiv wird der Kürbiskerngeschmack, wenn man das Kürbiskernöl mit Olivenöl nativ extra mischt.

Kürbis-Piccata

500 g geschälter Kürbis, z. B. Butternut
Dinkel- oder Weizenruchmehl/Typ 1050, zum Wenden
Olivenöl nativ extra, zum Braten
1 Bund Rucola, für die Garnitur
Kürbiskernöl, zum Beträufeln

Teighülle
3 Freilandeier
40 g Dinkel- oder Weizenruchmehl/Mehl 1050
40 g Reibkäse, z. B. Sbrinz
1–2 EL Olivenöl nativ extra
Meersalz; Pfeffer, frisch gemahlen

1 Den Kürbis in 2 cm breite Scheiben schneiden, im Dampf oder im Salzwasser 4 Minuten garen, abtropfen lassen.
2 Für die Teighülle Eier, Mehl, Käse und Öl glatt rühren, mit Salz und Pfeffer abschmecken.
3 Die Kürbisscheiben in der Teigmasse wenden und im nicht zu heißen Öl beidseitig goldgelb braten. Kurz vor dem Servieren mit Kürbiskernöl beträufeln.

Penne mit Brokkoli, Rucola und Kürbiskernöl

400 g Penne

ca. 500 g Brokkoli
2 Knoblauchzehen, nach Belieben
4 EL Kürbiskernöl
4 EL Olivenöl nativ extra
1 Bio-Zitrone, wenig abgeriebene Schale
100 g geriebener Pecorino oder Sbrinz
Meersalz
Pfeffer, frisch gemahlen
2 Bund Rucola, fein geschnitten

1 Den Brokkoli in die einzelnen Röschen brechen, die Stiele eventuell schälen.
2 Die Penne in einem großen Kochtopf in reichlich Salzwasser al dente kochen, Brokkoli 4 bis 6 Minuten mitkochen. Abgießen, das Kochwasser für eine Suppe verwenden.
3 Penne-Brokkoli-Gemisch mit durchgepresstem Knoblauch, Oliven- und Kürbiskernöl und abgeriebener Zitronenschale abschmecken. Nach Belieben mit frisch geriebenem Pecorino oder Sbrinz bestreuen, mit Salz und Pfeffer abrunden. Die Rucola untermischen, sofort servieren.

Spaghetti mit Kürbiskern-Sesam-Pesto

400 g Spaghetti
Olivenöl nativ extra

Pesto
60 g geschälte Sesamsamen
60 g geröstete Kürbiskerne
40 g glattblättrige Petersilie ohne Stiele
2–3 große Knoblauchzehen
1/2 dl/50 ml Kürbiskernöl
1/2 dl/50 ml Olivenöl nativ extra
ca. 1 dl/100 ml Teigwarenwasser
Meersalz

geriebener Pecorino romano, nach Belieben

1 Sesamsamen, Kürbiskerne, Petersilie, Knoblauchzehen und die beiden Öle zu einem nicht zu feinen Pesto mixen. Je nach gewünschter Konsistenz mit dem Teigwarenwasser verdünnen.
2 Die Spaghetti in einem großen Kochtopf in reichlich Salzwasser al dente kochen, abgießen und etwa 1 dl/100 ml Kochwasser auffangen. Die Spaghetti mit wenig Olivenöl vermengen. Sofort servieren.

Tipp Je nach Saison mit grünem Spargel oder grünen Bohnen servieren. Der Pesto passt auch zu Rohkost.

Variante Petersilie durch Basilikum ersetzen.

Grünkern-Kürbiskern-Burger

für 6 bis 8 Personen

2 EL Olivenöl nativ extra
1 Schalotte
200 g mittelfeiner Grünkernschrot
200 g Karotten
1 dl/100 g Rahm/süße Sahne
2 dl/200 ml Gemüsebrühe
fein gehackter Thymian
1–2 Rosmarinzweiglein
Kräutermeersalz
Pfeffer, frisch gemahlen
4 Freilandeier
50 g fein geriebene geröstete Kürbiskerne
Olivenöl nativ extra, zum Braten
Kürbiskerne, zum Bestreuen

1 Die Schalotte fein hacken. Die Karotten putzen und auf der Bircher-Rohkostreibe fein reiben. Die Rosmarinnadeln abstreifen.
2 Die Schalotten im Öl andünsten, Grünkernschrot und Karotten zugeben, den Rahm und die Gemüsebrühe angießen, die Kräuter zufügen, würzen. Die Getreidemasse unter Rühren bei schwacher Hitze während 5 bis 7 Minuten zu einem dicken Brei einkochen, auf der ausgeschalteten Wärmequelle zugedeckt 30 Minuten quellen lassen. Geriebene Kürbiskerne und verquirlte Eier unterrühren. Abschmecken.
3 In einer beschichteten Bratpfanne wenig Öl erhitzen. Die Masse mit dem Eisportionierer abstechen, die Kugeln in die Pfanne setzen, 5 Minuten bei mittlerer Hitze braten, die Burger wenden, die Kürbiskerne darüber streuen, fertig braten.

Tipp Mit Salat und Saisongemüse servieren. Die Burger schmecken auch kalt sehr gut.

Penne mit Kürbis und Peperoncini

400 g Penne/kurze hohle Teigwaren

2 EL Olivenöl nativ extra
1 kleine Zwiebel, fein gehackt
2 Knoblauchzehen, durchgepresst
1 kleiner scharfer Peperoncino/Paprikaschote
400 g fruchtiges Kürbisfleisch, ohne Schale und Kerne
3 EL Tomatenpüree
1 Hand voll gehackte glattblättrige Petersilie
30 g geriebener Parmesan oder Pecorino
100 g Roquefort oder Ricotta
Kräutermeersalz
Pfeffer, frisch gemahlen
2–4 EL Kürbiskernöl, zum Beträufeln
geröstete Kürbiskerne, zum Bestreuen

1 Die Penne in einem großen Kochtopf in reichlich Salzwasser al dente kochen, abgießen und etwa 2 dl/200 ml Kochwasser auffangen. Die Teigwaren mit kaltem Wasser abschrecken.
2 Die Zwiebel und die Knoblauchzehen fein hacken. Den Peperoncino längs aufschneiden, nach Belieben entkernen, die Fruchthälften in Streifchen schneiden. Das Kürbisfleisch in feine Streifen schneiden oder auf der Röstiraffel raspeln.
3 Zwiebeln, Knoblauch und Peperoncini im Öl andünsten, Kürbis zufügen und mitdünsten. Das Tomatenpüree unterrühren, wenig Teigwarenwasser angießen, 5 bis 8 Minuten köcheln lassen. Petersilie, Parmesan und Roquefort mit den Teigwaren vermengen. Mit Kräutersalz und Pfeffer abschmecken. Mit dem Kürbiskernöl verfeinern.

Zucchini mit Kürbiskern-Ziegenfrischkäse-Füllung

4 mittelgroße Zucchini, je 200 g

2 EL Olivenöl nativ extra
1 große Zwiebel
5 Salbeiblätter
reichlich fein gehackte frische Kräuter, z. B. Thymian, Rosmarin, Salbei, glattblättrige Petersilie, Basilikum, oder
$^{1}/_{2}$ EL getrocknete Provencekräuter
150 g Ziegenfrischkäse oder anderer Frischkäse
80 g geriebener Pecorino romano
1 Eigelb
2 EL gehackte, geröstete Kürbiskerne
Kräutermeersalz
1 Bio-Zitrone, abgeriebene Schale

1 dl/100 ml Gemüsebrühe für die Form
Kürbiskernöl

1 Die Zwiebel fein hacken. Die Salbeiblätter in Streifchen schneiden. Zucchini beidseitig kappen, der Länge nach halbieren, mit einem kleinen Löffel aushöhlen, das Fruchtfleisch fein hacken.
2 Den Backofen auf 200 °C vorheizen.
3 Die Zwiebeln und den Salbei im Öl andünsten, das Zucchinifleisch zufügen und einige Minuten mitdünsten. Abkühlen lassen. Die restlichen Zutaten zufügen, mit Kräutersalz und Zitronenschale abschmecken.
4 Die Gemüsebrühe in die Gratinform gießen. Die ausgehöhlten Zucchinihälften in die Form legen, mit der Käsemasse füllen. Im vorgeheizten Backofen bei 200 °C rund 30 Minuten backen. Nach Belieben mit Kürbiskernöl beträufeln.

Tipp Mit einem Saisonsalat und der Zitronenvinaigrette, Seite 62, servieren.

Gedämpftes Gemüse mit Kürbiskernsauce

für 4–6 Pesonen

	4–6 Portionen gedämpftes Gemüse, z. B. Karotten, Spargel, Lauch, Kohlrabi, Brokkoli, Blumenkohl
Kürbiskern-sauce	**100 g geröstete Kürbiskerne**
	2 Eigelb von Freilandeiern
	1 EL Zitronensaft
	1 kleine Knoblauchzehe
	1,5 dl/150 ml Kürbiskernöl
	1 dl/100 g Rahm/süße Sahne
	Meersalz
	Pfeffer, frisch gemahlen
	Basilikum für die Garnitur

Die Kürbiskerne fein reiben, die Eigelbe, den Zitronensaft und die durchgepresste Knoblauchzehe unterrühren. Das Kürbiskernöl esslöffelweise dazumixen, zuletzt den Rahm unterrühren. Abschmecken.

Tipp Die Sauce passt auch zu gedämpftem Fisch oder zu Fischröllchen mit Kräuterfüllung.

Kürbisrisotto mit weißen Bohnen

2 EL Olivenöl nativ extra
1 Schalotte
1 Knoblauchzehe
200 g weißer Risottoreis
1 dl/100 ml Weißwein
ca. 8 dl/800 ml Gemüsebrühe
1 junger Rosmarinzweig
1 Lorbeerblatt
2 Salbeiblätter
300 g fruchtiger Kürbis, z. B. Butternut, ohne Schale und Kerne
240 g gekochte weiße Bohnen (1 Dose)
1 Hand voll grob geschnittene Spinatblätter
30 g geriebener Parmesan
2 EL geröstete Kürbiskerne
Meersalz
Pfeffer, frisch gemahlen
Kürbiskernöl

1 Die Schalotte und die Knoblauchzehe fein hacken. Die Rosmarinnadeln abstreifen. Die Salbeiblätter in Streifen schneiden. Das Kürbisfleisch würfeln.

2 Schalotten und Knoblauch im Öl andünsten, den Reis zugeben und glasig werden lassen. Mit dem Weißwein und der Gemüsebrühe aufgießen, Rosmarinnadeln, Lorbeerblatt und Salbei zugeben, aufkochen, den Reis bei schwacher Hitze 15 Minuten köcheln lassen, ab und zu umrühren. Den Kürbis zugeben, weitere 8 bis 10 Minuten köcheln lassen, eventuell etwas Gemüsebrühe angießen. Die Bohnen und den Spinat zugeben, erhitzen. Den Parmesan und die Kürbiskerne unterrühren, mit Salz und Pfeffer abschmecken. Mit Kürbiskernöl beträufeln.

Kürbis-Pilz-Flan mit Zitronenvinaigrette

für 8 Flans

350 g mehliges Kürbisfleisch, z. B. Butternut
2 EL Olivenöl nativ extra
1 Schalotte, fein gehackt
200 g Pilze, z. B. Champignons, Shiitake, Austernpilze
250 g Ricotta
40 g Dinkel- oder Weizenruchmehl/Mehltyp 1050
2 EL Paniermehl
4 Freilandeier
40 g geriebener Pecorino oder Parmesan
geriebene Muskatnuss
Kräutermeersalz
Rosmarin, Thymian und Salbei, fein gehackt
Pfeffer, frisch gemahlen

Zitronen-vinaigrette
1 große oder 2 kleine Zitronen, davon Saft
1 TL Senf
Meersalz
3 EL Olivenöl nativ extra
3 EL Kürbiskernöl

1 Das Kürbisfleisch klein würfeln, im Dampf weich dünsten.
2 Die Schalotte fein hacken. Die Pilze putzen und ebenfalls fein hacken.
3 Den Backofen auf 200 °C vorheizen.
4 Die Schalotten und die Pilze im Öl bei starker Hitze dünsten, bis alle Flüssigkeit verdampft ist. Kürbis, Ricotta, Mehl, Paniermehl, verquirlte Eier und Pecorino zufügen, pürieren. Die Masse würzen.
5 Die Flanmasse in kleine eingefettete Portionenförmchen füllen. Mit Alufolie abdecken. Im Wasserbad bei 200 °C rund 30 Minuten pochieren. Nadelprobe machen. Je nach Konsistenz nochmals 10 bis 15 Minuten ohne Folie fertig backen.
6 Für die Zitronenvinaigrette sämtliche Zutaten sämig rühren.

Tipps Die Flans können warm oder lauwarm serviert werden. Die Zitronen-Vinaigrette passt auch gut zu Salat.

Teigwarenmuscheln mit Kürbis und Spinat

500 g Muscheln oder andere kurze Teigwaren

2 EL Olivenöl nativ extra
2 Knoblauchzehen
600 g fruchtiges Kürbisfleisch, z. B. Muscade de Provence, ohne Schale und Kerne
1 Msp mittelscharfes Currypulver
400 g Spinat
Meersalz oder Gemüsebrühepulver
Pfeffer, frisch gemahlen
100 g Ziegenfrischkäse oder anderer Frischkäse
Kürbiskernöl
Kressesprossen, für die Garnitur

1 Die Teigwaren in einem großen Kochtopf in reichlich Salzwasser al dente kochen, abgießen und etwa 2 dl/200 ml Kochwasser auffangen. Die Teigwaren mit kaltem Wasser abschrecken.
2 Die Knoblauchzehen in feine Scheiben schneiden. Den Kürbis auf der Röstiraffel raspeln. Den Spinat in Streifen schneiden.
3 Knoblauch und Kürbis im Öl andünsten, mit Curry würzen. Den Spinat zugeben, mit Salz und Pfeffer abschmecken, wenig Teigwarenwasser angießen, einige Minuten dünsten. Abschmecken. Ziegenfrischkäse mit einer Gabel zerdrücken und unterrühren. Mit Kürbiskernöl beträufeln und mit den Kressesprossen garnieren.

Kürbiskerncrêpes mit Ahornsirup

für 8 Crêpes
süße Hauptmahlzeit

100 g Dinkel- oder Weizenvollkornmehl oder
100 g Dinkel- oder Weizenruchmehl /Mehltyp 1050
$^1/_2$ l Milch oder Reismilch
1 Prise Meersalz
4 Freilandeier
60 g flüssige Butter
1 Prise Zimtpulver
40 g geriebene Kürbiskerne

Olivenöl zum Braten
Bratbutter/Butterschmalz zum Braten

60 g Kürbiskerne

8 EL Ahornsirup

1 Mehl, Milch, Salz, Eier, flüssige Butter und Zimt glatt rühren. Den Teig 20 Minuten quellen lassen. Die geriebenen Kürbiskerne unterrühren.
2 In einer nicht klebenden Bratpfanne in einer Mischung aus halb Butter und halb Olivenöl dünne Crêpes ausbacken. Nach dem Wenden mit Kürbiskernen bestreuen. Vor dem Servieren mit Ahornsirup beträufeln.

Tipp Für ein Dessert reicht die halbe Menge.

Lammfilet mit Kräuter-Kürbiskern-Kruste

	4 Lammrückenfilets, je ca. 130 g
Marinade	**frischer Thymian** **Rosmarinnadeln** **Meersalz** **durchgepresster Knoblauch** **2–3 EL Olivenöl nativ extra**
Kräuter-Kürbiskern-Kruste	**2 Schalotten** **2 Knoblauchzehen** **2 EL Olivenöl nativ extra** **2 TL Thymianblättchen** **1 TL fein gehackte Rosmarinnadeln** **2 EL Paniermehl** **1 EL Kürbiskernöl** **2 EL gehackte Kürbiskerne** **Meersalz** **Pfeffer, frisch gemahlen**

1. Die Marinade zubereiten. Die Lammrückenfilets in eine Schüssel legen, mit der Marinade bedecken. Zugedeckt 2 bis 3 Stunden oder über Nacht ziehen lassen.
2. Für die Kruste die Schalotten und die Knoblauchzehen fein hacken, im Olivenöl andünsten. Kräuter, Paniermehl, Kürbiskernöl und Kürbiskerne zugeben, mit Salz und Pfeffer würzen.
3. Den Backofen auf 200 °C vorheizen.
4. Das Fleisch aus der Marinade nehmen und abtupfen, mit Salz und Pfeffer würzen, im Olivenöl scharf anbraten. Die Kräuter-Kürbiskern-Masse darüber verteilen. Im Backofen bei 200 °C ca. 10 Minuten überbacken.

Tipp Mit Ofenkartoffeln und Gemüse nach Wahl oder Salat servieren.

Spargel mit weißen Bohnen und Kaisergranaten

150 g große weiße Bohnen (240 g gekochte Bohnen)
500 g grüner Spargel
16 geschälte Kaisergranaten/Scampi «Tail on» (geschält, mit Schwanzfächer)
Olivenöl nativ extra, zum Braten

Sauce
1 Zitrone, davon Saft
3 EL Olivenöl nativ extra
2 EL Kürbiskernöl
Meersalz
Pfeffer, frisch gemahlen
1 Schalotte, fein gehackt
1 durchgepresste Knoblauchzehe
1 Bund Rucola, fein geschnitten

1 Die weißen Bohnen über Nacht in reichlich Wasser einlegen. Das Einweichwasser am nächsten Tag weggießen. Die Bohnen in einem großen Topf mit viel frischem Wasser aufkochen, etwa 60 Minuten zugedeckt köcheln lassen, bis die Kerne weich sind. Abgießen.
2 Beim grünen Spargel das untere Drittel schälen, die Schnittstelle großzügig kappen. Im Dampf knackig garen, 6 bis 8 Minuten. Den Spargel unter kaltem Wasser abschrecken.
3 Die Sauce zubereiten.
4 Den Spargel auf Tellern anrichten. Die weißen Bohnen darüber verteilen, mit der Sauce beträufeln.
5 Die Riesenkrevetten mit Salz und Pfeffer würzen, im Olivenöl kurz von allen Seiten braten, auf dem Salat anrichten, sofort servieren.

Scampi-Tintenfisch-Spieß mit Kürbiskern-Knoblauch-Pesto

	12 geschälte Kaisergranaten/Scampi «Tail on»
	(geschält, mit Schwanzfächer)
	18 Zwergtintenfische/Sepiole
	Kräutermeersalz
	Olivenöl nativ extra, zum Braten
	1 Zitrone, in Schnitzen/Segmenten, entkernt
Pesto	**30 g glattblättrige Petersilie**
	20 g Basilikumblätter
	30 g geröstete Kürbiskerne
	1 Knoblauchzehe
	1 dl/100 ml Olivenöl nativ extra
	$^1/_2$ Zitrone, Saft
	Meersalz
	Pfeffer, frisch gemahlen

1 Für den Pesto die Zutaten mit dem Stabmixer nicht zu fein pürieren, mit Salz und Pfeffer abschmecken.

2 Kaisergranaten und Tintenfische unter fließendem Wasser abspülen, trocken tupfen und auf Spieße stecken, würzen. Im Olivenöl beidseitig kurz braten.

3 Fischspieße mit dem Pesto und einem Salat servieren.

Tipp Der Pesto harmoniert auch mit Pasta, Gemüserohkost, Spargel und Ofenkartoffeln.

Meeresfrüchte-Kürbis-Pfanne mit Bärlauch-Kürbiskern-Pesto

8 geschälte Kaisergranaten/Scampi «Tail on»
(geschält, mit Schwanzfächer)
600 g gemischte Meeresfrüchte
$^1/_2$ fruchtiger Kürbis, z. B. Muscade de Provence
Olivenöl nativ extra
Kräutermeersalz
durchgepresster Knoblauch

Pesto
1 Bund Bärlauch
2 EL geröstete Kürbiskerne
1 dl/100 ml Olivenöl nativ extra
1 durchgepresste Knoblauchzehe
1 TL geriebener Käse
Meersalz
Pfeffer, frisch gemahlen
wenig Zitronensaft

1 Für den Pesto alle Zutaten mit dem Stabmixer nicht zu fein pürieren. Mit Salz, Pfeffer und Zitronensaft abschmecken.
2 Den Backofen auf 220 °C vorheizen.
3 Kaisergranaten und Meeresfrüchte unter fließendem Wasser abspülen, trocken tupfen. Alles auf ein mit Backpapier belegtes Blech verteilen. Mit Olivenöl beträufeln. Mit durchgepresstem Knoblauch und Pfeffer würzen.
4 Den Kürbis schälen und entkernen, in feine Sicheln schneiden. Die Kürbissicheln auf ein mit Backpapier belegtes Blech legen, mit Olivenöl beträufeln.
5 Meeresfrüchte und Kürbissicheln miteinander in den vorgeheizten Backofen schieben und bei 220 °C etwa 10 Minuten grillen. Mit Salz abschmecken. Auf einer Platte anrichten. Pesto separat servieren.

Zander an Kürbiskernöl-Limetten-Vinaigrette

ca. 500 g Zander- oder Steinbuttfilets
1/2 Limette, Saft
Meersalz
Pfeffer, frisch gemahlen
2 Limetten
Olivenöl nativ extra, für die Form

Vinaigrette **1 Limette, Saft**
1/2 TL Senf
Meersalz
Pfeffer, frisch gemahlen
3 EL Olivenöl nativ extra
3 EL Kürbiskernöl

1 Die Fischfilets mit kaltem Wasser abspülen, trocken tupfen. Die Filets der Länge nach halbieren, mit Limettensaft, Salz und Pfeffer würzen.
2 Die Schale der beiden Limetten mit dem Zestenreißer abziehen. Die Zesten im kochenden Wasser blanchieren, abgießen und kalt abschrecken. Die beiden Limetten beidseitig kappen, in 8 Scheiben schneiden.
3 Den Backofen auf 180 °C vorheizen.
4 Die Limettenscheiben auf die Fischfilets legen und diese aufrollen. Mit einem Zahnstocher fixieren. Die Fischröllchen in eine geölte Gratinform legen, mit Alufolie abdecken. Im vorgeheizten Backofen bei 180 °C 10 bis 15 Minuten garen. Garprozess überwachen.
5 Für die Vinaigrette die Zutaten sämig rühren.

Tipps Die Fischröllchen mit einem Sträußchen Blattsalat anrichten. Mit der Vinaigrette beträufeln, sofort servieren. Mit frischer Vollkorn-Baguette servieren.

gebäck

Zwiebel-Rosmarin-Focaccia mit Kürbiskernen

für ein großes rechteckiges Kuchenblech

Teig	**375 g Dinkel- oder Weizenruchmehl/Mehltyp 1050**
	1 TL Meersalz
	2,5 dl/250 ml lauwarmes Wasser
	30 g Frischhefe
	6 EL Olivenöl nativ extra
	2 EL Olivenöl nativ extra
	1–2 Zwiebeln
	25 g gehackte Kürbiskerne
	25 g ganze Kürbiskerne
	100 g Ziegenfrischkäse oder Feta
	schwarze Oliven
	4–5 junge Rosmarinzweige, Nadeln grob gehackt
	grobes Meersalz

1 Das Mehl und das Salz in einer Schüssel mischen, eine Vertiefung formen. Die Hefe im lauwarmen Wasser auflösen, das Öl (6 EL) zugeben. Die Flüssigkeit in die Vertiefung gießen, das Ganze zu einem geschmeidigen Teig kneten, 30 Minuten zugedeckt gehen lassen.
2 Die Zwiebeln in feine Scheiben schneiden, im Öl (2 EL) kurz dünsten. Auskühlen lassen.
3 Den Teig nochmals durchkneten. Zwiebeln, gehackte und ganze Kürbiskerne und zerbröckelten Ziegenfrischkäse einkneten. Den Teig in der Größe des Kuchenblechs ausrollen, auf den Blechrücken legen.
4 Den Backofen auf 250 °C vorheizen.
5 Oliven und Rosmarin auf den Teig verteilen. Mit grobem Meersalz bestreuen.
6 Foccacia im vorgeheizten Backofen bei 250 °C Grad 10 bis 12 Minuten backen.

Tipp Zum Aperitif mit einem Glas Weißwein servieren.

Kürbis-Quiche mit Kräutern und Crème fraîche

1 runder Blätterteig
ganze und gehackte geröstete Kürbiskerne

Füllung

2 EL Olivenöl nativ extra
1 Schalotte
1 große Knoblauchzehe
600 g mehliges Kürbisfleisch, z. B. Potimarron, ohne Schale und Kerne
1 EL gehackte Kräuter, z. B. Rosmarin, Thymian, Majoran, Ysop
Gemüsebrühepulver oder Kräutermeersalz
Pfeffer, frisch gemahlen

Guss

1 dl/100 g Rahm/süße Sahne
1 Becher (180 g) Crème fraîche
3 Freilandeier
Kräutermeersalz
Pfeffer, frisch gemahlen
1 TL mittelscharfes Currypulver

1 Den Teig in das Kuchenblech legen, mit einer Gabel einige Male einstechen. Die Kürbiskerne auf den Teigboden streuen.
2 Für die Füllung die Schalotte und die Knoblauchzehe fein hacken, das Kürbisfleisch auf der Röstiraffel grob raspeln. Alles im Öl einige Minuten nicht zu weich dünsten, die Kräuter untermischen. Würzen.
3 Den Backofen auf 220 °C vorheizen.
4 Den Guss zubereiten.
5 Die Kürbismasse auf den Teigboden verteilen. Den Guss darüber gießen. Mit ganzen und gehackten Kürbiskernen bestreuen.
6 Die Quiche im vorgeheizten Backofen bei 220 °C 25 bis 30 Minuten backen.

Tipps Die Quiche kann auch lauwarm oder kalt serviert werden. Am Tisch nach Belieben wenig Kürbiskernöl darüber träufeln.

Pikanter Flocken-Kürbiskern-Knuspersnack

100 g Sojaflocken
100 g Kürbiskerne
100 g halbierte Haselnüsse
Sojasauce
Cayennepfeffer, nach Belieben

1 Den Backofen auf 180 °C vorheizen.
2 Die Sojaflocken in ein Sieb geben, kurz in heißes Wasser tauchen. Die Kürbiskerne und die Haselnüsse ebenfalls kurz im Sieb in das heiße Wasser tauchen, dann gut abtropfen lassen.
3 Sojaflocken und Nüsse auf ein mit Backpapier belegtes Blech verteilen. Im vorgeheizten Backofen bei 180 °C 8 bis 12 Minuten backen. Für die letzten 4 Minuten Sojasauce darüber träufeln und mit Cayennepfeffer bestreuen. Im ausgeschalteten Backofen 3 bis 5 Minuten nachtrocknen lassen. In einem Glas mit Schraubverschluss kühl aufbewahren.

Tipp Schmeckt hervorragend zu Salat aller Art oder als pikanter Snack zum Aperitif.

Pikante Kürbis-Muffins mit Ziegenfrischkäse

für 6 Personen

200 g mehliges Kürbisfleisch, z. B. Potimarron,
ohne Schale und Kerne;
ergibt 100 g Püree
150 g Dinkel- oder Weizenruchmehl/Mehltyp 1050
1 TL phosphatfreies Backpulver
1 TL Kräutermeersalz
1 Prise Zimtpulver
1 Prise Muskatnuss
80 g Ziegenfrischkäse
0,8 dl/80 ml Milch
1 Freilandei
1 EL Olivenöl nativ extra
50 g gehackte Kürbiskerne
fein gehackte Kräuter, z. B. Rosmarin, Thymian, Ysop und Majoran

Kürbiskernöl

1. Das Kürbisfleisch klein schneiden, im Dampf weich garen, pürieren, in einem feinen Sieb (Chromstahlsieb) einige Zeit abtropfen lassen, dann abmessen.
2. Mehl, Backpulver, Kräutersalz, Zimt und Muskatnuss mischen.
3. Den Ziegenfrischkäse mit einer Gabel zerstossen, Milch, Ei und Olivenöl zufügen und glatt rühren.
4. Die Käsemasse und das Kürbispüree zum Mehl geben, zu einem glatten Teig rühren. Die gehackten Kürbiskerne und die Kräuter unterrühren.
5. Den Backofen auf 200 °C vorheizen.
6. Die Teigmasse in Papierförmchen (für eine schöne Form 3 Förmchen ineinander stecken) oder in eingefettete Backförmchen füllen.
7. Die Muffins im vorgeheizten Backofen bei 200 °C rund 20 Minuten backen.

Tipp Mit Kürbiskernöl und Räucherschinken servieren.

Variante Einige fein gehackte Oliven unter den Teig mischen.

Kürbiskernbrot nach Art der Steiermark

220 g Dinkel- oder Weizenruchmehl/Mehltyp 1050 oder Vollkornmehl
1–1½ TL Meersalz
ca. 2 dl/200 ml lauwarmes Wasser
½ Würfel Frischhefe
3 EL Kürbiskernöl
120 g Kürbiskerne
2 EL Sesamsamen

1. Das Mehl und das Salz in einer Schüssel mischen, eine Vertiefung formen. Die Hefe im lauwarmen Wasser auflösen, das Öl zugeben, die Flüssigkeit in die Vertiefung gießen, das Ganze zu einem geschmeidigen Teig kneten. 30 Minuten gehen lassen.
2. Den Teig nochmals durchkneten, die Kürbiskerne und die Sesamsamen einkneten. Aus dem Teig einen länglichen Brotlaib formen und diesen auf ein eingefettetes Blech legen. Nochmals 15 Minuten gehen lassen.
3. Den Backofen auf 180 bis 200 °C vorheizen. Das Kürbiskernbrot in der Mitte einschieben, 55 bis 60 Minuten backen.

Florentiner mit Kürbiskernen nach Art der Steiermark

175 g Vollrohr- oder teilraffinierter Zucker (Syramena)
75 g Honig, z. B. Akazienblütenhonig
125 g Butter
1,5 dl/150 g Rahm/süße Sahne
175 g Mandelblättchen
100 g Kürbiskerne
150 g Halbbitter-Kuvertüre

1. Den Backofen auf 175 °C (Umluft) oder 200 °C (konventioneller Backofen) vorheizen.
2. Zucker, Honig, Butter und Rahm in einem Topf erhitzen, bei schwacher Hitze unter Rühren 5 Minuten köcheln lassen. Mandelblättchen und Kürbiskerne zugeben, unter Rühren weitere 5 Minuten köcheln lassen.
3. Den Blechrücken mit Backpapier belegen. Die Masse darauf ausstreichen.
4. Die Florentinermasse im vorgeheizten Backofen bei 175 °C respektive 200 °C auf der zweituntersten Schiene 12 Minuten backen. Erkalten lassen. Rondellen ausstechen.
5. Die Kuvertüre in Stücke schneiden, in einer kleinen Schüssel im warmen Wasserbad schmelzen. Die glatte Seite der Florentiner mit der flüssigen Schokolade bepinseln. Trocknen lassen.

Variante Die erkaltete Masse in Rauten schneiden.

Steirische Kürbiskern-Dreiecke mit Schokolade

Teig

200 g Dinkel- oder Weizenruchmehl/Mehltyp 1050
100 g teilraffinierter Vollrohrzucker (Syramena)
100 g gekühlte Butter
1 Freilandei
2 EL Rum
50 g Kakaopulver
1 Prise Meersalz

100 g Butter
200 g Kürbiskerne, grob gehackt
100 g teilraffinierter Vollrohrzucker
1,5 dl/150 g Rahm/süße Sahne

200 g dunkle Schokolade oder Kuvertüre

1. Für den Teig die Butter in Stücke schneiden und in eine Schüssel geben. Die restlichen Zutaten zur Butter geben, zu einem Teig zusammenfügen. In Klarsichtfolie einwickeln und 30 Minuten kühl stellen.
2. Den Backofen auf 200 °C vorheizen.
3. Die Butter in einer Pfanne zergehen lassen. Kürbiskerne, Zucker und Rahm zufügen, 2 Minuten köcheln und dann abkühlen lassen.
4. Den Blechrücken mit Backpapier belegen. Den Teig auf dem Blechrücken 5 mm dick ausrollen. Die Kürbiskernmasse darauf verteilen.
5. Das Teigblatt im vorgeheizten Backofen bei 200 °C etwa 15 Minuten backen. Abkühlen lassen. Das Biskuit zuerst in Quadrate und dies in Dreiecke schneiden.
6. Die Schokolade in Stücke brechen oder schneiden, in einer kleinen Schüssel im warmen Wasserbad schmelzen. Die Dreiecke in die flüssige Schokolade tauchen.

Kürbiskernöl-Gugelhupf original Steiermark

für eine große Gugelhupfform

4 Freilandeier
1 dl/100 ml lauwarmes Wasser
1 Prise Vanillepulver
1 dl/100 ml Kürbiskernöl
150 g Akazienblütenhonig
100 g teilraffinierter Vollrohrzucker (Syramena)
100 g Kürbiskerne
250 g Dinkel- oder Weizenruchmehl/Mehltyp 1050 oder
250 g Dinkel- oder Weizenhalbweißmehl/Typ 550
1/2 Briefchen phosphatfreies Backpulver

1 Die Gugelhupfform gut einfetten und mit Mehl ausstäuben. Den Backofen auf 160 °C vorheizen.
2 Eigelbe, Wasser, Honig, Zucker (2 Esslöffel für den Eischnee abmessen), Vanille und Kürbiskernöl luftig aufschlagen (geht am besten in der Küchenmaschine). Die Kürbiskerne zufügen.
3 Eiweiß und Zucker (2 Esslöffel) nicht ganz steif schlagen.
4 Das Mehl mit dem Backpulver vermengen.
5 Die Eigelbmasse mit einem Drittel des Eischnees und dem Mehl verrühren, restlichen Eischnee unterziehen. Die Teigmasse in die vorbereitete Gugehupfform füllen.
6 Den Gugelhupf im vorgeheizten Backofen bei 160 °C etwa 1 Stunde backen.
7 Den gestürzten Gugelhupf mit Puderzucker bestäuben.

Kürbiskern-Muffins

für 6 bis 8 Stück

125 g weiche Butter
100 g Vollrohrzucker
$^{1}/_{2}$ TL Vanillepulver
3 Freilandeier
1 Bio-Orange, abgeriebene Schale
3 EL Grand Marnier
125 g Dinkel- oder Weizenvollkornmehl oder
125 g Dinkel- oder Weizenruchmehl/Mehltyp 1050
1 TL phosphatfreies Backpulver
100 g fein geriebene Kürbiskerne

1 Den Backofen auf 175 °C vorheizen.
2 Butter, Zucker, Vanille, Eier, Orangenschale und Grand Marnier zu einer luftigen Masse aufschlagen.
3 Mehl, Backpulver und Kürbiskerne mischen, portionsweise unter die Eigelbmasse heben.
4 Die Teigmasse in Papierförmchen (für eine schöne Form 3 Förmchen ineinander stecken) oder in gut eingefettete Backförmchen füllen.
5 Die Muffins im vorgeheizten Backofen bei 175 °C 25 bis 30 Minuten backen. Mit Puderzucker bestreut servieren.

Kürbiskuchen mit Kürbiskernen

für eine Springform von 26 cm Durchmesser

2 Eigelbe von Freilandeiern
150 g geschmacksneutraler Honig, z. B. Akazienblütenhonig
1 Prise Meersalz
1 Bio-Zitrone, abgeriebene Schale
geriebene Muskatnuss
Ingwerpulver
1 TL Zimtpulver
1 Prise Kardamom
150 g Dinkel- oder Weizenruchmehl/Mehltyp 1050
100 g geriebene Kürbiskerne
50 g grob gehackte Pinienkerne
150 g fruchtiges Kürbisfleisch, z. B. Muscade de Provence
$^{1}/_{2}$ TL phosphatfreies Backpulver
2 Eiweiß

1. Den Backofen auf 180 °C vorheizen. Den Rand und den Boden der Springform einfetten.
2. Die Eigelbe mit dem Honig am besten im warmen Wasserbad cremig aufschlagen.
3. Salz, Gewürze, Mehl, geriebene Kerne und Nüsse mischen. Den Kürbis auf der Bircher-Rohkostreibe dazureiben.
4. Das Eiweiß steif schlagen.
5. Mehl-Nuss-Kürbis-Mischung und Eischnee abwechslungsweise unter die Eigelbmasse ziehen. In die Springform füllen.
6. Den Kürbiskuchen im vorgeheizten Backofen bei 180 °C 45 bis 60 Minuten backen. Nadelprobe machen.
7. Den Kuchen aus der Form nehmen. Mit Puderzucker bestäuben oder nach Belieben mit einem Schokoladenguss überziehen und mit Kürbiskernen bestreuen.

Literaturverzeichnis

- Die Heilkraft der Öle; Linda und Axel Waniorek; Falken Verlag
- Kürbis, von den Früchten, den Kernen und ihrem Öl; Editha und Reinhold Reiterer; Brandstätter
- Nahrung ist die beste Medizin; Jean Carper; Econ
- Kleines Heilkräuterlexikon; Heinz Schilcher; Hädecke
- Unterlagen der Jucker Farmart, Seegräben

Erica Bänziger

lebt mit ihrem kleinen Sohn im Tessin. Die diplomierte Ernährungs- und Gesundheitsberaterin ist seit 1990 selbstständig als Kursleiterin und Referentin sowie als Dozentin an zwei Heilpraktikerschulen tätig. Sie schrieb bereits mehrere, teils sehr erfolgreiche Kochbücher. Ihre große Leidenschaft ist eine Ernährung in Anlehnung an die mediterrane Küche.

Anfragen sowie Kursprogamme sind erhältlich unter
Tel. (Vorwahl CH) (0)91 796 28 61 oder 079 354 12 30
e-mail: ebaenziger@bluewin.ch.
Internet: www.biogans.ch/erica